LA GUERRA DE AFGANISTÁN DE 1979 A 1989

El enfrentamiento entre la URSS
y los muyahidines

Por Mylène Théliol
En colaboración con Romain Prévalet
Traducido por Marina Martín Serra

Historia en50MINUTOS.es

en50MINUTOS.es

¡CONVIÉRTASE EN UN GENIO DE LA HISTORIA!

La batalla de Accio

La batalla de Maratón

La guerra de Palestina de 1948

La Operación Tormenta del Desierto

www.en50minutos.es

LA GUERRA DE AFGANISTÁN

- **¿Cuándo?** Del 24 de diciembre de 1979 al 15 de febrero de 1989.
- **¿Dónde?** En Afganistán.
- **¿Beligerantes?** La URSS y el Gobierno comunista afgano contra la resistencia islámica y tradicionalista afgana apoyada por los Estados Unidos, Pakistán y Arabia Saudita.
- **¿Principales protagonistas?**
  - Ahmed Shah Massud (1952-2001), comandante de los comandos del Panjshir, integrados en el seno del Jamaat e Islami.
  - Boris Gromov (nacido en 1943), oficial superior y posteriormente comandante en jefe del 40.° Ejército Soviético en Afganistán.
- **¿Resultado?** Derrota de la URSS. La guerra civil continúa en Afganistán.
- **¿Víctimas?**
  - En el bando soviético: 14 453 muertos y 53 754 heridos.
  - En el bando afgano: alrededor de 1 242 000 muertos, el 80 % de los cuales son civiles.

Desde 1947, los Estados Unidos y la Unión Soviética complten a nivel político, estratégico, económico y militar. Decididas a superarse, estas dos superpotencias con ideologías antagónicas intentan conseguir que los distintos países del mundo entren en sus respectivos bandos. En los años setenta, la zona de influencia soviética se incrementa con el establecimiento de Gobiernos comunistas en algunos estados de África y América Latina. Todo esto mientras algunos países de Oriente Medio — como Pakistán e Irán—, con el fin de evitar ser incluidos en uno u otro bloque, toman el camino del radicalismo islámico cuya influencia amplifica los movimientos de insurrección en Afganistán.

El 24 de diciembre de 1979, el ejército soviético recibe la orden de invadir el país para detener la guerra civil entre el Gobierno comunista y la población local, que desea poner fin a la sovietización del país. A pesar de que la presencia militar soviética en territorio afgano responde a la necesidad de prestar asistencia al Gobierno local para que pueda recuperar el control del país, los desafíos geopolíticos de orden regional e internacional no deben ser olvidados y también se cuentan entre los elementos que desencadenan la intervención. Sin embargo, las operaciones que se realizan en el territorio no tienen en cuenta las realidades étnicas y culturales del país, unos parámetros de importancia capital: de hecho, su desconocimiento acelera el fracaso del Ejército Rojo, que no sabe cómo eliminar la resistencia afgana. Aunque la Unión Soviética no quiere internacionalizar el conflicto, el juego de alianzas la llevará a hacerlo inevitablemente, debilitando todavía más a una Unión Soviética con pies de barro y arrastrando a Afganistán hacia una sangrienta guerra civil de la que emergerán los talibanes y las redes terroristas islámicas actuales.

CONTEXTO POLÍTICO Y SOCIAL

AFGANISTÁN, PRESA DE LAS INSURRECCIONES POPULARES

El principal objetivo de la intervención soviética en Afganistán es apoyar al régimen comunista afgano frente a las revueltas populares acontecidas después del establecimiento, en julio de 1978, de la colectivización de las tierras, una reforma inspirada por la propia URSS.

El 27 de abril del mismo año se había producido el asesinato del primer presidente de la República de Afganistán, el príncipe Mohammed Daoud Khan (1909-1978), y de toda su familia. Desde entonces, el país está en manos de Nur Mohammed Taraki (1913-1979), líder de la facción Khalq del Partido Comunista Afgano.

UN PARTIDO DIVIDIDO

El Partido Comunista Afgano se crea en 1965 bajo el nombre de Partido Democrático del Pueblo Afgano (PDPA), y su secretario general es Nur Mohammed Taraki. Sin embargo, en 1967, el partido se divide en dos facciones rivales conocidas con el nombre de sus respectivos periódicos: el *Khalq* («el Pueblo») y el *Parcham* («el Estandarte»). El primero está dirigido por el escritor Taraki, y el segundo por Babrak Karmal (1929-1996). Los adherentes a las dos facciones comunistas son pastunes, la etnia mayoritaria del país. Los líderes proceden de una de las tribus de esta etnia, los ghilzai.

El Partido Comunista Afgano tiene poca influencia en el mundo de los campesinos, y la mayor parte de sus miembros proceden de los medios intelectuales, de las profesiones liberales, de la burguesía y del entorno estudiantil.

El Gobierno es decididamente marxista y prosoviético: su economía está integrada en el Consejo de Ayuda Mutua Económica (CAME o COMECON), creado por Stalin (1878-1953), y un tratado de amistad y cooperación firmado con la URSS el 5 de diciembre de 1978 prevé, entre otros, el uso de la ayuda militar soviética en caso de necesidad. Además, la política en vigor cuestiona las estructuras tradicionales de la sociedad afgana basadas en la fragmentación étnica y el islam: las reformas agrícolas —como la abolición de las deudas hipotecarias de los campesinos con los grandes terratenientes— no se entienden, y la política de alfabetización forzada despierta en el campo una gran hostilidad hacia las ciudades.

En octubre de 1978, la adopción de la bandera roja en la que se excluyen todas las referencias al islam —cemento cultural del país— acaba con el apoyo popular al régimen y contribuye al crecimiento del descontento. Entonces, el país cae en el tormento de la guerra civil. Los líderes religiosos proclaman la guerra santa contra el Gobierno central, que cada vez tiene más dificultades para mantener el orden en muchas regiones. En marzo de 1979, la ciudad de Herat (al oeste del país) se rebela y, a continuación, es bombardeada por el Ejército del Aire de Afganistán, causando muchas víctimas.

El Gobierno, que no consigue restablecer la situación, recurre a la URSS. Esta, con el fin de reforzar sus posiciones en el país, le suministra armas y asesores militares, e insta al líder afgano a moderar las reformas llevadas a cabo por el primer ministro y el ministro de Defensa, Hafizullah Amin (1929-1979). Taraki y los líderes soviéticos acuerdan eliminar a Amin, pero este último frustra el complot, manda asesinar a Taraki y consigue que la URSS lo reconozca como jefe del Estado afgano.

En lugar de aliviar las tensiones, el nuevo presidente de la República de Afganistán acaba de sumergir del todo al país en el caos, y en paralelo intenta librarse del control soviético con el fin de volver a establecer relaciones con Pakistán y los Estados Unidos. Ante esta situación crítica, la URSS debe tomar una decisión crucial: renunciar a Afganistán o intervenir para restablecer el orden en un país que se está desintegrando. Los elementos del contexto internacional inclinan la balanza a favor de la segunda opción.

LOS MOTIVOS DE LA INTERVENCIÓN DE LA URSS

La URSS participa desde 1947 en la Guerra Fría que la opone a los Estados Unidos. Cada una de las dos superpotencias busca superar a la otra y favorecer la adhesión de numerosos países a su causa. Durante los años setenta, algunos países africanos como Etiopía (1974) y las antiguas colonias portuguesas, Angola y Mozambique (1975), así como Nicaragua (1979) se vuelven comunistas. En Asia, la URSS también puede contar con grandes aliados partidarios del marxismo como Mongolia (1924), Laos (1973), Afganistán (1973), Vietnam (1975) y Camboya (1976). En esta región del mundo, los Estados Unidos se baten en retirada debido al fracaso rotundo sufrido con la guerra de Vietnam (1963-1975).

En Oriente Medio, los estadounidenses experimentan algunas dificultades en 1979. Primero, tienen que hacer frente a la llegada al poder de Sadam Husein (1937-2006) en Irak que, movido por el nacionalismo árabe, está más inclinado a acercarse a los líderes soviéticos. Además, en abril, Irán sufre una revolución islámica que lleva al poder al ayatolá Jomeini (1902-1989), cuyo primer acto es expulsar definitivamente a los estadounidenses del país. Los Estados Unidos pierden un valioso aliado, pero todavía codician las reservas de petróleo iraníes. Así pues, para seguir manteniendo una buena posición en este triángulo geopolítico, Jimmy Carter (presidente de los Estados Unidos, nacido en 1924) se acerca a Mohamed Zia Ul-Haq (1924-1988), presidente de la República Islámica de Pakistán desde 1978, para apoyar las insurrecciones islámicas en Afganistán, pero también en las repúblicas del sur de la Unión Soviética.

La URSS percibe este juego de alianzas como una amenaza. En este sentido, la intervención militar parece necesaria para detener la guerra civil, pero también para que Afganistán permanezca en su bloque de forma duradera. Sin embargo, los soviéticos no quieren internacionalizar el conflicto y por lo tanto no apelan a las tropas del Pacto de Varsovia (alianza militar concluida en 1955 entre la Unión Soviética, Albania, la República Democrática Alemana, Bulgaria, Hungría, Polonia, Rumania y Checoslovaquia, que dura hasta 1991).

Para justificar su acción militar, Leónidas Breznev (1906-1982), líder de la Unión Soviética, apoya la causa de la defensa de la integridad territorial de Afganistán, una medida que había sido ratificada por los dos países en el tratado firmado el 5 de diciembre de 1978. Pero los sovietólogos occidentales presentan varias hipótesis distintas para explicar la intervención. Para Olivier Roy, politólogo francés e investigador en el CNRS, o incluso William Casey, exdirector de la CIA, la invasión soviética de Afganistán significa igualmente para la URSS un medio de acceder al océano Índico y a las reservas de petróleo de Oriente Medio. Por último, para el sociólogo Pierre Metge, esta operación militar es el resultado de una cadena de circunstancias que conducen a la Unión Soviética hacia la guerra.

LA INVASIÓN DE AFGANISTÁN POR PARTE DE LAS TROPAS SOVIÉTICAS (1979-1980)

La Navidad del año 1979, una parte de la 105.ª División Aerotransportada desembarca en Afganistán, seguida por tropas terrestres que alcanzan Kabul —la capital del país— el 27 de diciembre. El mismo día, Hafizullah Amin es ejecutado y Babrak Karmal, líder de la facción Parcham del Partido Democrático del pueblo afgano, le sustituye a la cabeza del Gobierno del país.

El 1 de enero de 1980, cerca de 50 000 soldados soviéticos

están desplegados por todo el país para controlar los centros de poder que representan la capital y las grandes bases militares. El objetivo de la URSS es sovietizar el norte de Afganistán, echar a la población de las provincias orientales y construir bases militares en el oeste y el sur del país. Para Breznev, la presencia militar soviética no es más que un refuerzo para las fuerzas militares locales, con el objetivo de que el Partido Comunista Afgano pueda recuperar el control del país. Además, la política emprendida por el nuevo presidente afgano depende directamente del KGB, cuya misión es estimular las rivalidades y disputas entre los diversos grupos de resistentes afganos.

LOS PARTIDOS ISLÁMICOS AFGANOS

Inicialmente, la resistencia afgana es un movimiento llevado a cabo por campesinos encolerizados, cuyos levantamientos se producen en los pueblos o entre los grupos étnicos como respuesta a las reformas del Gobierno. A menudo, los encargados de conducir la revuelta son las personalidades locales importantes o los líderes religiosos, y el único vínculo que les une es el islam. Los insurgentes controlan una parte del campo y atacan los pueblos y las carreteras principales para hostigar a las tropas soviéticas. Entonces, se instaura la guerrilla. Bajo la influencia de los imanes, la lucha contra los soviéticos se radicaliza y se transforma en yihad. De este modo, poco a poco se van uniendo algunos grupos de resistentes, llamados muyahidines, para formar clanes que se federan en torno a dos grandes corrientes: los islamistas fundamentalistas y los moderados.

- Los islamistas sunitas fundamentalistas están divididos en siete grupos, y los cuatro más importantes son: el Hezb-i Islami (Partido Islámico), dirigido por Gulbuddin Hekmatyar (nacido en 1947) desde 1977, que difiere en algunos puntos ideológicos del segundo partido epónimo, liderado por Younes Khales (1919-2006) e implantado en el este y el sur de Afganistán. La tercera corriente fundamentalista es el Ittihad-i Islami (Alianza Islámica) de Abdul Rasul Sayyaf (nacido en 1949), de obediencia wahabí y predominantemente pastún. El cuarto movimiento es el Jamaat e Islami (Sociedad Islámica), dirigido por Burhanuddin Rabbani (1940-2011), integrado por dos de los siete grandes comandantes de la resistencia, Ismail Khan (nacido en 1946) y Ahmed Shah Massud. Las tropas de tayikos (el segundo grupo étnico más grande después de los pastunes), dirigidas por Massud, ocupan el norte y el noreste del país (especialmente el valle del Panjshir, las ciudades de Herat y Kandahar, y parte de la provincia de Ghazni).
- La alianza de los moderados o tradicionalistas, integrada por personalidades importantes del antiguo régimen, líderes tribales y religiosos, se sitúa en el sur del país, pero su influencia disminuye a medida que la guerra avanza. Cabe destacar que está compuesta por dos grandes movimientos de resistencia pastunes: el Mahaz-i-Milli-i-Islami (Frente Islámico), dirigido por Pir Sayed Ahmad Gailani (nacido en 1932), donde se encuentran pastunes realistas, y el Nejad-i Melli (Frente de Liberación Nacional) de Sibghatullah Mojaddedi (nacido en 1926). Por último, las organizaciones chiítas se concentran en el centro de Afganistán. En total, entre 60 000 —según la CIA— y 150

000 combatientes —según la resistencia— forman una guerrilla contra los ejércitos soviéticos.

Aunque las principales reivindicaciones de esta resistencia son la liberación y la defensa del espacio tribal y étnico, para Gulbuddin Hekmatyar y Burhanuddin Rabbani el objetivo es ganar la guerra para instaurar una república islámica afgana. De este modo, Ahmed Shah Massud conduce la lucha de forma estratégica introduciendo grupos móviles de una treintena de hombres que operan lejos de sus bases para destruir las vías de comunicación enemigas. A continuación, los grupos chiítas imitan el método de Massud.

LA REACCIÓN ESTADOUNIDENSE E INTERNACIONAL

A partir de finales de diciembre de 1979, la comunidad internacional en su conjunto condena la intervención soviética, ya que viola la soberanía de un Estado no alineado (que no forma parte ni del bloque del Este ni del bloque del Oeste). El 14 de enero de 1980, la ONU adopta una resolución que exige la retirada inmediata, incondicional y total de los ejércitos extranjeros del territorio afgano. Rápidamente, Jimmy Carter acusa a los soviéticos de injerencia en los asuntos interiores de Afganistán, y prevé sanciones económicas y diplomáticas: el embargo de las exportaciones de cereales hacia la URSS y el boicot de los Juegos Olímpicos de Moscú, que deben celebrarse al año siguiente. En paralelo, se llevan a cabo negociaciones con los Estados vecinos de Afganistán para establecer bases marítimas y aéreas estadounidenses.

El 30 de diciembre de 1979, la República Popular de China también condena esta intervención, ya que la percibe como un modo de cercar su territorio. Pero Breznev la concibe de una forma totalmente opuesta: su acción militar en Afganistán es una medida preventiva para disuadir al Gobierno chino de cercar a la URSS aliándose con los estadounidenses.

Con la guerra de Afganistán, las relaciones de la URSS con el mundo musulmán y los otros países del tercer mundo se deterioran considerablemente. A partir del 29 de diciembre, la Liga del Mundo Islámico se alinea al lado del pueblo afgano en su combate contra los soviéticos. Además, dos países ayudan militarmente a los afganos insurgentes: Arabia Saudita y Pakistán.

La Liga del Mundo Islámico

La Liga del Mundo Islámico (LMI) es una ONG musulmana fundada en 1962 en La Meca por el futuro rey Faisal de Arabia (1906-1975) con el concurso de representantes de 22 países musulmanes, para federar a todos los musulmanes del mundo, formar a los imanes, construir mezquitas y difundir el Corán.

ACTORES PRINCIPALES

AHMED SHAH MASSUD, COMANDANTE DE LOS COMANDOS DEL PANJSHIR

Retrato de Ahmed Shah Massud.

La integración en el seno del Jamaat e Islami

Originario de la localidad de Bazarak en el Panjshir, Ahmed Shah Massud pasa su infancia en Kabul porque su padre es coronel en el Ejército Real afgano. Mientras estudia en la Universidad de Kabul, participa en la organización de la Juventud Musulmana, el ala estudiantil del Jamaat e Islami dirigido por Burhanuddin Rabbani. Esta se opone al régimen marxista establecido por Mohammed Daoud Khan. Perseguidos, los hombres del Jamaat e Islami se ven obligados a marcharse de Afganistán y refugiarse en Pakistán. Durante las primeras rebeliones contra las reformas soviéticas implementadas por el Gobierno de Nur Mohammed Taraki, Ahmed Shah Massud se instala en la provincia de Kunar, y vuelve al Panjshir durante la invasión de Afganistán por parte de la URSS.

Los años de lucha contra los soviéticos

Entre 1980 y 1982 Massud, aunque no tiene experiencia, sienta las bases y la organización armada de la resistencia en el Panjshir. Comienza poniendo en práctica las tácticas de guerrilla vietnamitas que aprendió gracias al contacto con las tropas del Ejército Rojo. Los ataques por sorpresa y las emboscadas pronto molestan al Estado Mayor soviético que, entre 1980 y 1983, lanza seis operaciones contra el Panjshir. Para frustrar los planes soviéticos, Massud establece un ejército regular y estructurado, así como algunas unidades móviles para dispersar las tropas enemigas. También organiza una importante red de inteligencia, que comprende desde el ciudadano de a pie hasta los generales afganos y soviéticos. Durante las treguas invernales, Massud comienza a salir del Panjshir para ayudar a otros muyahidines.

En 1986, obtiene algunas victorias en Farkhar (provincia de Takhar) y Nahrin (provincia de Baghlan). Extiende su influencia más allá de su valle natal a través de la creación en 1987 de la Shura-e-Nazar (Consejo de Supervisión), que reúne a comandantes locales de todas las partes para llevar a cabo ofensivas de mayor envergadura.

Las guerras afganas (1989-1996)

En 1989, después de la retirada de las tropas soviéticas, Massud no es capaz de tomar la capital de inmediato. Tiene que enfrentarse a la milicia del pastún Gulbuddin Hekmatyar, financiada por los servicios secretos estadounidenses (CIA) y pakistaníes (ISI), y al Ejército Nacional Afgano. Se une con Abdul Rachid Dostum (nacido en 1954), líder de una milicia uzbeka que luchó con el ejército soviético, para entrar sin combatir en Kabul, donde llegan el 29 de abril.

El 28 de junio se establece un primer Gobierno provisional, presidido por Burhanuddin Rabbani, jefe del Jamaat e Islami, y Massud es nombrado ministro de Defensa. Pero la rivalidad que existe entre Massud y Gulbuddin Hekmatyar origina la segunda batalla de Kabul. Entre 1992 y 1996, Massud logra extender su influencia sobre la capital persiguiendo a las tropas rebeldes. Sin embargo, le es imposible resistir frente a los talibanes, respaldados por Pakistán. Se ve obligado a huir de Kabul y vuelve al Panjshir donde, hasta su muerte en 2001, defiende el valle de la influencia de los talibanes con sus tropas de la Alianza del Norte (nombre que adopta entonces el grupo que lucha contra los talibanes).

BORIS GROMOV, COMANDANTE DEL 40.º EJÉRCITO SOVIÉTICO

Retrato de Boris Gromov.

La integración en el Ejército Rojo

Gromov se gradúa en la escuela militar de Suvórov, situada en la ciudad de Kalinin (Tver, Rusia), y luego ingresa en la Escuela Superior de Comando en Leningrado (San Petersburgo) en 1962. Tres años más tarde, entra en el ejército soviético. Después de graduarse en la Academia Militar Frunze en 1972, ocupa varios puestos de mando en los distritos militares de Turkmenistán y del norte del Cáucaso. Durante sus años de servicio, obtiene los rangos de mayor, teniente coronel y coronel.

Los años de guerra en Afganistán

Durante la campaña soviética en Afganistán, Gromov forma parte de las fuerzas militares del 40.º Ejército. De 1980 a 1982, dirige una división de fusileros motorizados, y cabe destacar su participación en las operaciones llevadas a cabo en el Panjshir. Entre 1983 y 1984, ingresa en la Academia Militar Voroshilov, de la que sale con el rango de mayor general. Entre 1985 y 1986 ejerce de representante de las fuerzas armadas de la Unión Soviética en Afganistán.

En 1987, Gromov vuelve a Afganistán como comandante del 40.º Ejército. Recibe la mayor distinción militar (la Estrella de Héroe de la Unión Soviética) por la realización de la Operación Magistral. Dos años más tarde, dirige la retirada de las fuerzas soviéticas de Afganistán y es el último soldado soviético en abandonar el país el 15 de febrero.

La carrera política después de la guerra

De vuelta en la URSS, Boris Gromov es ascendido a coronel general y se le asigna el mando del distrito militar de Kiev. En noviembre de 1990, es nombrado viceministro del Interior, cargo que ocupa hasta agosto de 1991.

De 1992 a 1995, es nombrado viceministro de Defensa de la Federación de Rusia. En 1994, la intervención de las tropas en Chechenia hace que las relaciones entre Boris Gromov y el ministro de Defensa Pável Grachov (1948-2012) se deterioren, ya que Gromov se opone a la misma. En diciembre de 1994, este último acaba dimitiendo, pero en agosto de 1995 obtiene el cargo de ministro de Asuntos Exteriores, y un escaño en la Duma (Cámara de Diputados). Entre enero de 2000 y mayo de 2012, es elegido regularmente como gobernador de la región de Moscú.

LA GUERRA DE AFGANISTÁN

LA OCUPACIÓN DEL TERRITORIO AFGANO POR PARTE DEL EJÉRCITO SOVIÉTICO (1979-1980)

Desde principios de 1980, las acciones militares soviéticas se reducen a apoderarse de las ciudades más importantes, de las carreteras principales, de las áreas de petróleo y gas y de las regiones fronterizas con Pakistán e Irán. A continuación, expulsa a la población de estas zonas: millones de campesinos afganos se ven obligados a huir a Irán y Pakistán. En total, los soviéticos ocupan el 20 % del territorio afgano —sobre todo el norte del país—. Sin embargo, la población local no ve con buenos ojos la presencia del Ejército Rojo en Kabul, y entre el 20 y 22 de febrero de 1980 los comerciantes y los estudiantes organizan varias manifestaciones antisoviéticas en la ciudad. La represión es dura, y provoca muchas víctimas.

El avance de las tropas soviéticas en territorio afgano obliga a los muyahidines a retirarse hacia las zonas montañosas y las zonas fronterizas. Mientras que los espacios soviéticos son protegidos, el ejército afgano y el Ejército Rojo experimentan serias deserciones: una parte de los soldados locales y de los procedentes de las repúblicas musulmanas de la URSS simpatizan con los sublevados, abandonan sus filas y se alistan como resistentes. Las reacciones del Gobierno Karmal y del Estado Mayor soviético son inmediatas: en febrero de 1980, los contingentes musulmanes son repatriados a la URSS, y Babrak Karmal trata de conservar a sus soldados doblándoles el sueldo. Sin embargo, las grandes ofensivas soviéticas lanzadas contra los muyahidines en la primavera de 1980, con el objetivo de eliminar los focos de resistencia del Este y neutralizar a los rebeldes en las afueras de las ciudades de provincia para controlar las principales carreteras, son ineficaces: aunque de día los esfuerzos de los soviéticos se ven premiados con buenos resultados, los resistentes toman el control de nuevo al caer la noche.

LOS DEFECTOS DEL EJÉRCITO ROJO

Las divisiones blindadas y mecanizadas soviéticas están concebidas para una guerra convencional y de corta duración, por lo que no están adaptadas a un terreno montañoso como el que posee Afganistán.

LA GEOGRAFÍA DE AFGANISTÁN

Afganistán (647 500 km^2), un país con más de dos tercios de su territorio en zona montañosa, está situado en la extensión del Himalaya. El centro y el este del país están formados por una alta cadena de montañas orientada suroeste-noreste: el Hindu Kush. En su vertiente norte, las colinas y las llanuras del Turkestán afgano descienden hasta 250-300 metros de altitud hacia el Amu Daria, río que delimita la frontera con Uzbekistán y Tayikistán. La frontera con Pakistán está ocupada por otro eje montañoso, el Safed Koh, que se funde en el Hindu Kush a la altura de la cuenca del río Kabul (1800 metros).

Los blindados son demasiado pesados y grandes para las pistas de montaña y, cuando son destruidos, dificultan la maniobra bloqueando el movimiento de las columnas de soldados. Además, las unidades blindadas, que solamente están familiarizadas con el ataque frontal, no están entrenadas para combatir contra atacantes que no ven. Asimismo, la centralización del mando militar limita también en gran medida las iniciativas militares sobre el terreno.

Estos defectos contribuyen a un gran número de derrotas del Ejército Rojo, por lo que a partir del verano de 1980 el Estado Mayor soviético recurre a expertos de la guerra de

Vietnam para mejorar sus tácticas de guerra. Estos últimos le recomiendan que recurra a pequeñas unidades de fuerzas especiales apoyadas por helicópteros. Primero, se empieza a enviar a unas pocas de estas unidades de élite, pero los éxitos que cosechan incitan al alto mando a multiplicar las operaciones. A partir del otoño de 1980, se pone en marcha una serie de misiones de limpieza de los valles que albergan numerosos hogares de resistentes como el Panjshir y Kunar. Los valles son bombardeados por la aviación soviética, pero los rebeldes que sobreviven al ataque siguen acosando a las tropas motorizadas. Poco a poco, mientras el conflicto se eterniza, los soviéticos comienzan a entender que es imposible que se produzca una victoria militar, ya que carecen de medios para controlar la frontera con Pakistán y aplastar a la resistencia.

LA ESTRATEGIA DE LOS MUYAHIDINES

En el terreno, la resistencia se reparte en tres zonas bien distintas: en el sur, las tribus combaten contra los regimientos afganos posicionados en la frontera, ayudadas por las personas refugiadas en Pakistán; en el centro, los ataques de los rebeldes tienen como objetivo las ciudades, las carreteras y los aeródromos en manos de los soviéticos; y finalmente, en el norte, la guerrilla —modelada según la de los combatientes vietnamitas— está dirigida por el general Massud. La intención es hostigar constantemente los contingentes enemigos para expulsarlos hacia la capital, y poco a poco recuperar el control del territorio afgano. Las fuerzas del Hezb-i Islami operan desde los bastiones afganos de Kunar, Laghman, Jalalabad y Paktia.

En Pakistán los muyahidines de los partidos sunitas —incluyendo el Hezb-i Islami y el Jamaat e Islami— eligen la ciudad fronteriza de Peshawar como base administrativa, política y diplomática. Los grupos de resistentes administran los cerca de 350 campos de refugiados en cooperación con las autoridades pakistaníes, y ponen en marcha clínicas y escuelas no solo en los campos, sino también en los territorios afganos que controlan. Desde Peshawar, se lanzan comandos yihadistas contra las tropas soviéticas para recuperar las zonas ocupadas por el Ejército Rojo y empujarlo a salir de Afganistán. Los resistentes poseen menos armamento que los ejércitos soviéticos, por lo que la guerrilla es la única perspectiva contemplada para obligar a las tropas soviéticas a rendirse. El objetivo final de los partidos sunitas es tomar Kabul por asalto y derrocar al régimen vigente para llevar a cabo una revolución profunda que permitiría la transformación radical de la sociedad afgana para enmarcarla en un régimen islámico más ortodoxo, similar al establecido por Jomeini en Irán.

Pero los ataques de los diversos frentes de la resistencia resultan bastante ineficaces en un primer momento: entre el 23 y el 28 de abril de 1982, los muyahidines del Hezb-i Islami lanzan una ofensiva en la provincia de Paktia para conquistar la ciudad, en vano. No obstante, a partir de 1985, las operaciones de la resistencia acaban coronándose de éxito. El 16 de enero, el ataque contra el aeropuerto militar de Bagram permite destruir al menos diez helicópteros soviéticos. El 28 de marzo, un ataque de los hombres de Massud en el paso de Salang causa un gran número de bajas en el Ejército Rojo.

EL PAPEL DE PAKISTÁN EN LA GUERRA AFGANA

Dada la importancia del despliegue soviético, el Pakistán islámico del general Zia Ul-Haq entra en el conflicto de una manera indirecta, acogiendo en su territorio a los refugiados afganos y proporcionando ayuda militar a los resistentes de Peshawar a través un organismo específico: la Inteligencia Inter-Servicios (ISI), que controla la distribución de armas a los muyahidines, su entrenamiento, la ayuda financiera procedente de los Gobiernos estadounidense y saudita así como la planificación de las operaciones militares que hay que llevar a cabo en el territorio afgano. La ISI favorece sobre todo a los partidos pastunes e islámicos como el Hezb-i Islami de Hekmatyar y el Jamaat e Islami de Rabbani. El comandante Massud también recibe municiones y armas, pero cuando concluye una tregua con los soviéticos durante el verano de 1983, la ISI decide no proporcionarle más.

Además, los servicios secretos pakistaníes desempañan un papel clave para los resistentes, empujándolos a mantener sus posiciones a lo largo de la frontera para controlar sus rutas de suministro, pero especialmente para proteger mejor la frontera pakistaní.

LAS PRINCIPALES OPERACIONES MILITARES SOVIÉTICAS (1981-1987)

Durante cinco años, la URSS lleva a cabo importantes ofensivas en Afganistán y pretende agotar a los muyahidines progresivamente. De este modo, el 40 % de las unidades militares quedan sujetas al control y a la protección de las zonas dominadas por los soviéticos, y el resto de las unidades se utiliza para perseguir y destruir a la resistencia afgana en su propio territorio. Para conseguirlo, los soviéticos utilizan diversas tácticas. Inicialmente, llevan a cabo operaciones de incursión (acciones independientes, limitadas y con un objetivo definido), de cerco y de rastreo, pero los resultados son mediocres, como lo demuestran las seis grandes operaciones realizadas entre 1981 y 1984 para tomar el valle del Panjshir de las manos de Massud.

Tras el fracaso de las primeras ofensivas llevadas a cabo en 1981, en mayo de 1982 el Estado Mayor soviético decide realizar una operación militar más importante, llamada Panjshir V. Después de un bombardeo aéreo de una semana sobre la zona, varias unidades llegan con helicóptero a las cimas de las colinas que sobresalen en el valle y a los pueblos de los alrededores, mientras que una columna de soldados avanza por el valle: 15 000 hombres participan en la batalla. Advertido del ataque, el comandante Massud evacua sus tropas y las coloca en los valles vecinos. Sin embargo, estallan combates de todas formas, y 200 muyahidines y 1200 civiles perecen. A mediados de junio, los soviéticos comienzan a retirarse, dejando finalmente la zona a manos de los resistentes.

En otoño de 1982 se lanza la ofensiva Panjshir VI, que también se salda con un fracaso que se agrava con el ataque a la embajada de la URSS en diciembre. Ambos bandos sufren muchas pérdidas y por eso, a principios de 1983, el Estado Mayor soviético firma una tregua con Massud, que toma el control del Panjshir y aprovecha la calma para ayudar a otros grupos rebeldes.

En abril de 1984, los soviéticos reanudan las hostilidades en el Panjshir, pero ninguno de los intentos de tomar el valle consigue su objetivo, por lo que acaban cambiando de táctica y deciden concentrar sus fuerzas en las regiones estratégicas en el Este y en las vías de comunicación. Vuelven a mandar a la URSS una serie de armas pesadas y a cambio obtienen blindados más ligeros y adaptados al terreno afgano. Asimismo, desde la URSS se envían unidades de paracaidistas y fuerzas especiales adicionales para que las fuerzas de ataque puedan tener más movilidad. Entonces, entran en acción los destacamentos de *spetsnaz* (grupos especiales de intervención) y llevan a cabo misiones de sabotaje y de emboscada para debilitar a los resistentes, eliminar a los comandantes muyahidines y destruir pueblos para recuperar las vías de comunicación.

El ejército soviético utiliza diversos métodos para vencer a la resistencia. El primero consiste en bombardear por aire aldeas o zonas que supuestamente albergan muyahidines.

Otro se basa en elaborar emboscadas para cortar sus rutas de suministro. También se utilizan armas químicas: el napalm se utiliza para quemar los cultivos, y se usan otros productos químicos como los gases irritantes, asfixiantes y lacrimógenos, junto con otras sustancias tóxicas, para envenenar el agua de los pozos, de las canalizaciones subterráneas, de los ríos y de los arroyos. Por último, por el territorio afgano se reparten casi 20 millones de minas antipersonas. En los primeros años del conflicto, los soviéticos disponen los campos de minas alrededor de las ciudades que dominan para protegerse de los ataques muyahidines. Pero, desde 1983, comienzan a minar los campos y las vías que supuestamente tienen que usar los resistentes, reforzando así su política de tierra quemada. Si a los rebeldes les afectan las tácticas asesinas soviéticas, a la población rural todavía le afectan más. Estos abusos despiertan la ira y el odio hacia el extranjero soviético, pero a partir de 1984 dan al Ejército Rojo la ventaja sobre el terreno.

Con la llegada de Mijaíl Gorbachov al frente de la Unión Soviética en 1985, las operaciones militares adquieren una magnitud más importante.

En efecto, el líder de la Unión Soviética desea acabar con esta guerra, pero no sin antes haber conseguido una victoria total sobre los insurgentes. En ese momento, el Ejército Rojo comienza a realizar ataques más violentos. El 30 de marzo, los soviéticos queman varios pueblos para socavar las bases de la resistencia. El 25 de mayo, refuerzan sus efectivos y su equipamiento para apoderarse de la región del sudeste del país (provincias de Kunar y Laghman), con el objetivo de cortar las rutas de suministro a los muyahidines. Esta ofensiva empuja a los resistentes a huir para escapar de los intensos bombardeos y de las bombas de napalm. Pero las fuerzas soviéticas y afganas, violentamente atacadas por los muyahidines, se ven obligadas a evacuar el valle de Kunar a mediados de junio de 1985.

A partir de 1986, la táctica soviética cambia: se prioriza la protección de las carreteras más importantes, especialmente de las siete vías principales que permiten cruzar las montañas y llegar a las fronteras del país. En ellas, se despliegan numerosos convoyes logísticos para garantizar el suministro militar de los puestos de guardia colocados a intervalos regulares a lo largo de las carreteras. Estos convoyes son un blanco fácil para los muyahidines, pero las tropas soviéticas colocan escoltas y esto acaba reduciendo las pérdidas de armas y eliminando a los resistentes más fácilmente.

Muchas de estas operaciones se llevan a cabo entre 1985 y 1989. La más exitosa es la Operación Magistral (20 de noviembre de 1987-21 de enero de 1988) que permite transportar por carretera 22 000 toneladas de cargamento desde Gardez, en la provincia de Paktia, hasta Khost, una ciudad situada cerca de la frontera con Pakistán y en poder de los muyahidines. Los convoyes logísticos están protegidos por una escolta compuesta por varias divisiones de infantería motorizada, por una brigada de tanques, por varios regimientos aerotransportados y por una brigada de asalto por aire. Durante todo el trayecto estas unidades militares, al tiempo que defienden los vehículos de transporte, sitian las zonas ocupadas por los resistentes y organizan posiciones defensivas y de combate. Gracias a su acción, ayudan a que los convoyes pasen sin problemas y mantienen abierta la carretera Gardez-Khost durante varias semanas. También permiten la captura o destrucción de más de 3000 combatientes rebeldes.

LA AYUDA ESTADOUNIDENSE Y SAUDITA A LA RESISTENCIA AFGANA

Para los Estados Unidos, los movimientos de resistencia afganos son un medio de desestabilizar a la URSS. Mientras que Jimmy Carter reacciona a la intervención militar soviética a través de sanciones diplomáticas y económicas, Ronald Reagan (1911-2004), que le sucede, está decidido a detener el avance soviético en el mundo. En marzo de 1981, este último decide armar clandestinamente a los muyahidines a través de la CIA. En 1984 se les realizan las primeras entregas de armas y, a continuación, se les presta ayuda financiera: se utilizan unos 120 millones de dólares para ayudar a los resistentes en 1984 y 1985, alrededor de 240 millones en 1986 y, finalmente, 275 millones en 1987. Estos recursos pasan por Pakistán que, a través de la ISI, los redistribuye entre las tropas de resistentes. Sin embargo, el Gobierno pakistaní desvía una parte de los fondos por su propia cuenta. El apoyo militar de los Estados Unidos aumenta en 1986 cuando los combates se vuelven más intensos. Entonces, se realizan envíos de armas de alta tecnología para los resistentes afganos.

Arabia Saudita y los otros países del Golfo también prestan apoyo financiero y armado a los resistentes afganos, a través de sus servicios secretos. El príncipe Turki de Arabia (hijo del fallecido rey Faisal y jefe de la inteligencia saudita, 1945-2016) confía al joven estudiante saudita Osama bin Laden (1957-2011) la organización de la captación, el transporte, la financiación, el alojamiento y el entrenamiento de voluntarios musulmanes que quieren luchar junto a los afganos. Estos voluntarios, llamados los afganos árabes, incluyen 5000 saudíes, 3000 yemeníes, 2800 argelinos, 2000 egipcios, 400 tunecinos, 370 iraquíes y 200 libios. Bin Laden recorre la península arábiga con el fin de recaudar fondos y se instala en Peshawar, donde se encarga de los voluntarios árabes que llegan a Pakistán. Después de recibir su entrenamiento, estos se ponen a disposición de varios movimientos de resistencia. En 1984, Bin Laden conoce al que se convertirá en su mentor, el palestino Abdullah Azzam (1941-1989), figura islamista influyente próxima a los Hermanos Musulmanes de Palestina y uno de los principales organizadores de la resistencia antisoviética en Pakistán. Asimismo, este último es el fundador de la MAK (Maktab al-Jaidamat al-Muyahidin, la Oficina de Servicios de muyahidines), una ONG que intensifica la afluencia de voluntarios islámicos. Se abren oficinas de reclutamiento en los Estados Unidos, Londres, Egipto, Arabia Saudita y Pakistán.

Aparte de los Estados Unidos y de Arabia Saudita, la ayuda a los afganos proviene de diferentes fuentes. La ONU, a través del Alto Comisionado de las Naciones Unidas para los Refugiados (ACNUR) y de UNICEF, apoya a los exiliados afganos que se encuentran en Pakistán. Otros estados como

Gran Bretaña, Francia, Japón y China también prestan apoyo financiero a la resistencia.

RETROCESO Y RETIRADA DEL EJÉRCITO SOVIÉTICO (1986-1989)

El año 1986 marca un punto de inflexión en el conflicto afgano. En el plano político, en noviembre Gorbachov decide reemplazar a Karmal a la cabeza del Gobierno afgano por el general Najibullah (1947-1996), exjefe de los servicios secretos afganos. A pesar de que procede de Parcham, este último pone en marcha una política de reconciliación nacional a partir de enero de 1987: se hace un llamamiento a los muyahidines y refugiados para que se unan a la coalición gubernamental, mientras la idea de una amnistía se abre camino y el Gobierno de nuevo tiene la voluntad de respetar las tradiciones afganas.

En el plano militar, los muyahidines recuperan terreno al ejército soviético, que ahora controla casi el 80 % del país. A partir del otoño de 1986, gracias a las armas que reciben de los estadounidenses, los resistentes destruyen en pocos meses varias decenas de helicópteros y aviones soviéticos que son los principales puntos fuertes de su táctica de guerra. Para escapar del fuego, la aviación soviética se ve obligada a atacar las bases rebeldes que se encuentran a mucha altitud. Esta situación pone fin a su supremacía aérea y es una de las razones por la que se produce la retirada gradual de Afganistán. Finalmente, en enero de 1987, los soviéticos abandonan las grandes ofensivas y priorizan las acciones puntuales para responder a los resistentes. El 8 de febrero de 1988 Mijaíl Gorbachov, avalando el programa político de Najibullah, anuncia por televisión la retirada de sus tropas en un período de diez meses que comienza el 15 de mayo. Hay varios factores que explican este abandono de los soviéticos. Aparte de los efectos desastrosos de los misiles estadounidenses en sus helicópteros, la ocupación del Ejército Rojo en Afganistán siempre ha sido criticada por la ONU, los estadounidenses y la mayor parte de los países del tercer mundo. Además, Mijaíl Gorbachov quiere que la URSS vuelva a obtener un cierto prestigio internacional y que se reconcilie con su principal rival, los Estados Unidos. La guerra también cuenta con una baja popularidad en el propio seno de la URSS.

El 14 de abril 1988 se firman una serie de acuerdos en Ginebra entre los Gobiernos afgano, pakistaní, estadounidense y soviético; sin embargo, la firma se realiza en ausencia de los muyahidines. Este tratado prevé la retirada de la mitad de las fuerzas soviéticas de Afganistán a partir del 15 de agosto de 1988, y de la otra mitad para el 15 de febrero de 1989. Mientras que las tropas soviéticas se retiran progresivamente, los muyahidines recuperan gradualmente el territorio afgano: el 30 de septiembre de 1988, ocupan Asmar en Kunar y, el 11 de noviembre, toman Samarkhel, en el camino que va hacia Jalalabad. Sin embargo, los Acuerdos de Ginebra no prevén ninguna solución política para Afganistán y, por consiguiente, aunque el régimen pakistaní no lo reconoce, el Gobierno Najibullah sigue vigente en Kabul.

EL BALANCE DE LA GUERRA

El conflicto entre la URSS y Afganistán le cuesta la vida a muchos afganos. Según el Alto Comisionado de las Naciones Unidas para los Refugiados, más de un millón de personas perecen durante el conflicto y cuatro millones tienen que exiliarse. El uso de minas antipersonas causa estragos entre la población local, y miles de personas quedan discapacitadas. Otros abusos cometidos por los soviéticos afectan profundamente el país, entre los que cabe destacar la destrucción de las cosechas y la aniquilación del ganado, los saqueos, la destrucción de las ciudades y del patrimonio histórico, así como las masacres perpetradas en varias regiones.

Pero el daño no se detiene aquí, porque los soviéticos también llevan a cabo una guerra económica en Afganistán, por ejemplo, cortando las relaciones entre las ciudades y las zonas del campo donde estaban los muyahidines. Además, el campo se ve desposeído de su mano de obra, lo que provoca un caos económico sin precedentes que conduce a los afganos, al borde de la hambruna, a huir de su país. Sin embargo, mientras que la estrategia soviética consistía en despoblar las zonas fronterizas para expulsar a la resistencia, se produce el efecto contrario, y los campos de refugiados en Pakistán sirven como reservas de hombres para los muyahidines.

En el bando soviético, el balance de las pérdidas es mucho menor: asciende a 14 453 muertos y 53 754 heridos. En esta cifra oficial se incluyen las muertes en combate, por accidente y como consecuencia de enfermedades o lesiones. Las pérdidas materiales también son mucho menos importantes.

REPERCUSIONES

LA CAÍDA DE LA URSS (1989-1991)

La guerra de Afganistán refuerza las flaquezas de la URSS, que desde 1985 aplica una política más liberal y que se está descomponiendo. En efecto, la libertad de expresión defendida por la glásnost (política de transparencia) favorece el surgimiento de protestas nacionalistas en las distintas repúblicas de la Unión Soviética. Además, la retirada de las tropas soviéticas de Afganistán aviva las reivindicaciones religiosas y étnicas en las repúblicas musulmanas del sur de la URSS, que vuelven a sublevarse contra el régimen con el fin de obtener su independencia. Gorbachov tiene dificultades para resistir ante estos movimientos independentistas, sobre todo porque el régimen comunista se ve socavado por las políticas combinadas de la perestroika (nombre dado a las reformas económicas llevadas a cabo en ese momento) y la glásnost. La disolución de la URSS se anuncia oficialmente el 26 de diciembre de 1991, aunque las repúblicas soviéticas dejan la federación durante el verano de 1991.

LA GUERRA CIVIL AFGANA (1989-1992)

Mientras que las tropas soviéticas se retiran de Afganistán, el país sigue en guerra: el Gobierno de Najibullah desea reconquistar la nación para unificarla, mientras que los muyahidines, reunidos en abril de 1985 para formar la Alianza de los Muyahidines de Afganistán, desean tomar Kabul. El 25 de febrero de 1989, los muyahidines forman una estructura embrionaria del Gobierno provisional y, con la ayuda de Pakistán, se lanzan a la conquista de la capital afgana. En febrero, tratan de tomar la ciudad de Jalalabad pero, frente a los ejércitos de Najibullah y al apoyo logístico y financiero que Moscú sigue ofreciéndoles, acaban fracasando. La victoria de Najibullah y la política económica de reconstrucción del país que lleva a cabo le hacen ganar el apoyo de la población de las ciudades.

Sin embargo, a partir del verano de 1991, los resistentes, con la ayuda de Pakistán, empiezan a recuperarle terreno al ejército del Gobierno. El comandante Massud controla el noreste del país, mientras que las grandes ciudades y las carreteras principales siguen estando en manos del ejército afgano. Para protegerse mejor de los ataques de los muyahidines y reforzar sus ejércitos, el líder afgano paga a milicias para que protejan a las minorías étnicas. Pero estas milicias acaban uniéndose al bando de la resistencia y sirven de refuerzo a las tropas de Massud que marchan hacia Kabul. Otras facciones muyahidines también se dirigen hacia la capital: el Hezb-i Islami de Gulbuddin Hekmatyar desde el sur, el Ittihad-i Islami de Abdul Rasul Sayyaf desde el oeste, el Hezb-i Wahdat de Abdul Ali Mazari (1946-1995) también desde el oeste, y el Hezb-i Islami Khalis de Abdul Haq (1958-2001) desde el este. Rápidamente, la capital de Afganistán es rodeada por los muyahidines.

Sin embargo, las tensiones continúan creciendo entre Massud y Gulbuddin Hekmatyar: cada uno de ellos desea ocupar un lugar en el futuro Gobierno. Los líderes de los distintos partidos muyahidines que tenían sitiada Kabul se encuentran en Peshawar. Logran aliarse (Acuerdos de

Peshawar), pero sin Gulbuddin Hekmatyar. El 24 de abril de 1992, emerge un nuevo régimen: el Estado Islámico de Afganistán. Sibghatullah Mojaddedi, fundador del Nejad-i Melli, el Frente de Liberación Nacional, se convierte en presidente del Consejo Islámico provisional encargado de gobernar el país, expulsando a Najibullah. Asimismo, nombra ministro de Defensa a Massud.

El 28 de junio, Mojaddedi abandona su cargo de jefe de Estado en funciones y deja paso al líder del Jamaat e Islami, Burhanuddin Rabbani, nombrado jefe del Estado afgano por cuatro meses. El Consejo provisional es sustituido por un Consejo Ejecutivo formado por diez miembros que representan a los partidos del Peshawar. Este cambio de régimen va de la mano con la aplicación de la sharía en la enseñanza y la justicia, y con la obligación para las mujeres de llevar el velo. Dos días después de su entrada en vigor, Pakistán reconoce este nuevo Gobierno y, a continuación, lo reconocen también otros países como Irán, Estados Unidos y Rusia.

DE LA SEGUNDA GUERRA CIVIL AFGANA A LA SEGUNDA GUERRA DE AFGANISTÁN (1992-2001)

El nuevo régimen no recibe el apoyo de Gulbuddin Hekmatyar, que quiere ser el líder del Estado Islámico. Con la ayuda de algunos miembros de la Khalq (una rama del antiguo Partido Comunista), se infiltra en Kabul para tomar el poder. Obligados a reaccionar, los otros partidos islámicos afganos avanzan con sus tropas hacia la capital: es el comienzo de la segunda guerra civil afgana, que enfrenta las fuerzas de Gulbuddin Hekmatyar contra las del Gobierno afgano de Burhanuddin Rabbani, aliadas con las tropas de los distintos partidos islámicos. Esta coalición frena las tropas del Hezb-i Islami, que sufren fuertes pérdidas y huyen de la capital.

A pesar de este fracaso, Gulbuddin Hekmatyar no renuncia a su objetivo. Además, entre abril de 1992 y enero de 1993, Kabul está bajo el fuego del ejército del Hezb-i Islami, que logra reconquistar una parte de la capital, aliándose con el partido chiíta Hezb-i Wahdat de Abdul Ali Mazari (1946-1995). Sin embargo, a partir del 10 de febrero de 1993, el ejército gubernamental poco a poco recupera el control de Kabul. Acorralado, Gulbuddin Hekmatyar se ve obligado a ceder, dejando la ciudad en manos de Burhanuddin Rabbani. Finalmente, el 7 de marzo de 1993 ambos bandos firman un tratado de paz, el de Islamabad. Entonces, Rabbani y Hekmatyar acuerdan compartir el poder hasta las próximas elecciones, previstas para finales de 1994, pero Hekmatyar exige en contrapartida la dimisión de Massud del cargo de ministro de Defensa. Este, para calmar la situación, acepta su exigencia.

Aunque en un primer momento Hekmatyar acepta el puesto de primer ministro que se le ofrece, al año siguiente vuelve a entrar en guerra, deseando conseguir el poder sin tener que compartirlo. Ahmed Shah Massud vuelve a ocupar su antiguo cargo de ministro de Defensa, y Kabul vuelve a ser bombardeada por los rebeldes.

En agosto de 1994 aparece por primera vez en la escena

militar el movimiento talibán (palabra que en persa significa «estudiantes»). Con la mayoría de sus integrantes de origen pastún y procedente de las escuelas y de los campos de refugiados afganos en Pakistán, se fija el objetivo de liberar a Afganistán de los partidos en el Gobierno y de establecer una sociedad islámica radical. A partir de octubre, el movimiento talibán cuenta con el apoyo de la ISI, que lo ve como un medio de asegurar las rutas comerciales y establecer un gobierno en Kabul favorable a sus intereses. La población también lo ve con buenos ojos, arrullada por sus promesas de paz y prosperidad económica.

Ante esta amenaza, las fuerzas del Hezb-i Islami se unen a Massud y al presidente de la República Islámica de Afganistán, Burhanuddin Rabbani, para luchar contra los talibanes. Pero esta alianza no dura: frente al avance de los talibanes, que toman Kabul en septiembre de 1996, Gulbuddin Hekmatyar se refugia en el noreste del país y, finalmente, se une a los talibanes por simpatía ideológica y por solidaridad tribal.

En dos años, los talibanes logran hacerse con el control de Afganistán y de Kabul y, en octubre de 1996, establecen un régimen basado en la sharía, reconocido por Arabia Saudita, los Emiratos Árabes Unidos y Pakistán: las ejecuciones sumarias se vuelven frecuentes, y las mujeres pierden su acceso a la educación. Aunque el país está en paz, ha caído en las garras de un régimen de terror. No obstante, Afganistán no está totalmente bajo su control, ya que el norte todavía está en manos de la Alianza del Norte dirigida por Massud. Con todo, este último es asesinado el 9 septiembre de 2001 en un atentado suicida, un acontecimiento sucedido por los ataques del 11 de septiembre en los Estados Unidos, que conducen a la entrada en la guerra de los Estados Unidos contra el régimen talibán de Kabul.

EN RESUMEN

1979

24 dic.: **inicio de la guerra de Afganistán**

25 dic.: desembarco de una parte de la 105.ª División en Afganistán

Dic.: condena internacional de la intervención soviética

1981

Mar.: Reagan arma clandestinamente a los muyahidines a través de la CIA

1982

May.: lanzamiento de la Operación Panjshir V

Otoño: lanzamiento de la Operación Panjshir VI

1985

Elección de Mijaíl Gorbachov en la URSS

1987

Ene.: **Najibullah lanza una política de reconciliación nacional**

20 nov. 1987-
21 ene. 1988: realización de la Operación Magistral

1989

15 may.: **inicio de la retirada de las tropas soviéticas de Afganistán**

24 dic.: **fin de la primera guerra de Afganistán**

La guerra de Afganistán de 1979 a 1989 ©50MINUTOS.es

- Tras el levantamiento de la población afgana a principios de 1979 contra el Gobierno prosoviético que ostenta el poder en Afganistán, la URSS decide prestar ayuda militar a este régimen. Sin embargo, los contingentes logísticos no bastan para preservar el orden en el país, y el 12 de diciembre de 1979 el Gobierno soviético toma la decisión de intervenir directamente para poner punto final a una guerra civil que podría amenazarlo.

- Ante esta invasión, la reacción estadounidense no se hace esperar. El 4 de enero de 1980, Jimmy Carter anuncia el embargo sobre los suministros de cereales a la URSS. Diez días después, la Asamblea General de las Naciones Unidas condena la intervención y pide la retirada inmediata de las tropas extranjeras de Afganistán.

- Las principales misiones que lleva a cabo el Ejército Rojo consisten en proteger las principales carreteras y las grandes ciudades bajo su control, en sovietizar el norte del país, en controlar las fronteras con Irán y Pakistán y en recuperar las ciudades de Herat y de Kandahar y la provincia del Panjshir, en manos de los muyahidines. Sin embargo, la población afgana no ve con buenos ojos su presencia, y se manifiesta: en Kabul, entre el 20 y el 22 de febrero de 1980, se producen manifestaciones antisoviéticas, que son reprimidas con dureza.

- Al tiempo que avanzan el Ejército Rojo y el ejército gubernamental afgano, la resistencia se instala en las zonas fronterizas con Pakistán e Irán. La ciudad de Peshawar es la sede de los principales partidos islámicos sunitas y chiítas, que se alían para combatir contra el Ejército Rojo. Su objetivo es recuperar el país para convertirlo en un Estado Islámico. Gracias a la ayuda militar y financiera de los Estados Unidos, de Europa, de China y a la afluencia de partidarios islámicos procedentes de todos los países de obediencia musulmana, los muyahidines pueden dirigir guerrillas contra las fuerzas enemigas. En Afganistán, el valle del Panjshir, bajo control del comandante Massud, es la zona de resistencia más importante.

• Los ataques soviético-afganos contra el Panjshir tienen lugar entre 1980 y 1985. Para hacerse con el control del valle, se llevan a cabo varias operaciones de envergadura. En septiembre de 1980, se lanza una primera ofensiva contra las tropas de Massud que, sin embargo, se salda con un fracaso. Entre mayo y junio de 1982, se produce la ofensiva Panjshir V, que acaba con una derrota soviética. Finalmente, en enero de 1983, Massud firma un acuerdo de alto el fuego por un año con el Estado Mayor soviético. Con todo, las ofensivas se reanudan en 1984. El 20 de abril, los soviéticos lanzan un gran ataque contra el Panjshir pero Massud, alertado del mismo, ordena evacuar el valle antes de la llegada de las tropas enemigas.

• En un primer momento, los ataques de la resistencia contra el ejército soviético tampoco son más fructíferos. Sin embargo, a partir de 1985, empiezan a dar sus frutos. El 16 de enero, los muyahidines atacan el aeropuerto militar de Bagram y destruyen al menos diez helicópteros soviéticos. El 28 de marzo, un ataque de los hombres de Massud en el Salang causa múltiples víctimas al Ejército Rojo.

• Los abusos de la resistencia obligan al Ejército Rojo a reaccionar con violencia. El 30 de marzo, los soviéticos queman varios pueblos para socavar las bases de la resistencia. El 28 de mayo, refuerzan sus efectivos y sus materiales para apoderarse del sureste del país con el objetivo de cortar algunas vías de suministro de los muyahidines. La ofensiva obliga a los resistentes a huir para escapar de los intensos bombardeos y del uso de bombas de napalm.

Sin embargo, a partir de mediados de junio, las fuerzas soviéticas y afganas se ven obligadas a abandonar el valle de Kunar.

- El año 1986 marca una transición en la guerra de Afganistán. En el plano político, el 4 de mayo Babrak Karmal es sustituido a la cabeza del Estado afgano por el general Najibullah, líder del Khad.

- En 1987 se produce el intento de reconciliación nacional de Najibullah (3 de enero), así como nuevas ofensivas militares soviéticas importantes, como la Operación Magistral (19 de noviembre de 1987-10 de enero de 1988). Esta permite la apertura de la carretera Gardez-Khost y pone punto final al sitio de la ciudad de Khost. Sin embargo, esta victoria soviética llega demasiado tarde para causar un efecto sobre la guerra, puesto que ya hay negociaciones en marcha para poner fin al conflicto.

- El 8 de febrero de 1988, Mijaíl Gorbachov anuncia por televisión que el Ejército Rojo se retirará de Afganistán en un periodo de diez meses. El 14 de abril de 1988 se firman los Acuerdos de Ginebra, que prevén la retirada de las tropas soviéticas de Afganistán. Sin embargo, la resistencia rechaza este tratado que se ha firmado sin su presencia.

- Mientras que las tropas soviéticas empiezan a retirarse a partir de mayo de 1988, los muyahidines recuperan las zonas abandonadas por el Ejército Rojo. El 30 de septiembre, ocupan Asmar en Kunar y, el 11 de noviembre, toman Samarkhel, en el camino hacia Jalalabad.

- El 15 de febrero de 1989, el último soldado soviético —el general Boris Gromov— sale de Afganistán, donde solamente se quedan 3000 asesores. Asimismo, los soviéticos conceden una ayuda financiera al Gobierno de Najibullah.

¡Tu opinión nos interesa!
¡Deja un comentario en la página web de tu librería en línea,
y comparte tus favoritos en las redes sociales!

PARA IR MÁS ALLÁ

FUENTES BIBLIOGRÁFICAS

- Akram, Assem. 1996. *Histoire de la guerre d'Afghanistan*. París: Le Nadir, Édition Balland.
- Bachelier, Jean. 1992. *L'Afghanistan en guerre: la fin du grand jeu soviétique*. Lyon: PUL.
- Capitaine Raffray, Mériadec. 2008. "Les Soviétiques en Afghanistan (1979-1989): l'Armée rouge bouleversée". *Cahier de la recherche doctrinale*. París: CDEF, DREX.
- De Ponfilly, Christophe. 2002. *Massoud l'Afghan*. París: Folio.
- Dorronsoro, Gilles. 2000. *La révolution afghane. Des communistes aux talibans*. París: Karthala.
- Harrison, Selig Seidenman. 1984. "L'Afghanistan: une solution politique est-elle possible?". *Politique étrangère*, n.º 3, 613-622.
- Lévesque, Jacques. 1990. *L'URSS en Afghanistan: de l'invasion au retrait*. Bruselas: Complexe.
- Metge, Pierre. 1984. "L'URSS en Afghanistan: de la coopération à l'occupation". *Cahier d'études stratégiques*, CIRPES, n.º 7.
- Roy, Olivier. 1993. "La guerre d'Afghanistan: de la guerre idéologique à la guerre ethnique". *L'Homme et la société*, n.º 107-108, 85-92.
- Roy, Olivier. 1985. "La stratégie soviétique en Afghanistan et ses limites". *Politique étrangère*, n.º 4, 871-883.
- Roy, Olivier. 1989. "Afghanistan: la guerre comme facteur du passage au politique". *Revue française de

science politique, n.º 6, 887-902.

• Sarazin, Simon. 2007. "La décision de l'intervention soviétique en Afghanistan: un exemple de l'ambivalence des relations entre Moscou et les États du Sud". *Outre-mer*, tomo 94, n.º 354-355, 133-146.

FUENTES ICONOGRÁFICAS

• Retrato de Ahmed Shah Massud. La imagen reproducida está libre de derechos.
• Retrato de Boris Gromov. La imagen reproducida está libre de derechos.
• Retrato de Mijaíl Gorbachov. La imagen reproducida está libre de derechos.

en50MINUTOS.es

Historia

Economía y empresa

Coaching

Book Review

Salud y bienestar

¡APRENDER
NUNCA ANTES FUE
TAN RÁPIDO!

www.en50minutos.es

© **en50Minutos.es, 2017. Todos los derechos reservados.**

www.en50Minutos.es

ISBN ebook: 9782806288332

ISBN papel: 9782806288349

Depósito legal: D/2016/12603/695

Cubierta: © Primento

Libro realizado por <u>Primento</u>, *el socio digital de los editores*